TRAFICANTE DE SUEÑOS

M. Carmen Moreno Mozo

COLECCIÓN ITES

TRAFICANTE DE SUEÑOS

© M. Carmen Moreno Mozo
© Corrección: Míriam Villares
© Diseño de portada: Juan Frechina
© de esta edición: Olé Libros, 2025

ISBN: 979-13-87620-27-1
Depósito legal: V-1787-2025
Impreso en España

KALOSINI, S. L.
Grupo editorial **olélibros**
equipo@olelibros.com
www.olelibros.com

Para Juan y María,
por los sueños creados.

Para mis padres,
por la vida entregada.

Una chica que va de aquí para allá.
Su vestido mojado no parece importar.
Va pisando los charcos, sus medias se han roto ya.
Iba diciendo:
—¡Qué le vamos a hacer,
siempre vuelvo a caer!

Álex y Cristina

Creí que me había equivocado.
Luego pensé
que estoy bien aquí, en mi nube azul.
Todo es como yo lo he inventado.
Y la realidad..., trozos de cristal.
Y al final hay que pasar descalzo.

Fito Fitipaldi

Qué deseas de mi viejo temor, si yo no soy de aquí.
Soy del mundo de los sueños.

Ñu

Fugaz es esa estrella silenciosa
que corta el día, que levanta
la veda de la caza mayor.

Galantemente has abierto
esa respuesta en el papel.
Has encendido la mecha
de lo ingenuo.

Te suplico que permitas
la existencia
de ese avatar de titanio
que se proyecta
desde la otra orilla,
un avatar acorazado
que silencie a los perros,
hambrientos de belleza.

Mas nunca el labio exhalará un murmullo
para acusar tu proceder tirano.

GERTRUDIS GÓMEZ DE AVELLANEDA

Te vi entre una multitud
y quise gritarte que me habías hecho daño,
pero helaron mis ojos tu ternura.
Sonreías, hablabas de ti, y es que era inútil
hablar de nosotros.
Me marché sigilosa. Leí en tus ojos
que ya no recordabas mi recuerdo.
De repente vi tus sueños. Aquellos besos...
Sentí la caricia del silencio, la sentí.
—¿Te acuerdas? Di, ¿te acuerdas?
Pequeño bálsamo tus detalles
mientras bebíamos de nosotros
con avidez.
No hubo fuego, pero las caricias
de tan altas deslumbraban el cielo.
Y lloraban tus ojos.
Yo cogía tus lágrimas
con la yema de mis dedos
y las besaba despacio.
Y, cuando tú te ibas a tu mundo,
yo te seguía fiel. No preguntaba.
Solo te acompañaba.
Y, cuando borraste el amor,
yo supe que era inútil atrapar el viento
y te dejé marchar libre.
Y tú pintaste un álgido beso en mi frente
y me dejaste
toda la libertad del mundo.

Ahora sé para qué me la diste.
Para que te olvidase y fuese de nácar
tu recuerdo.

Acabo de desnudaros mi alma…
¿y no me aplaudís?

X-Men

HOMENAJE

ÉL

Es el instante supremo
de olvidar dudas y dejar caer el miedo.
¡Ámame!
Cuando despierte el alba,
los faros de la gente
nos llevarán a la nada.
No pienses. Ámame ahora
que no hay muralla
y estamos solos.
Siente tu piel en mi piel.
Olvida si mi mirada tiraniza tus ojos.
Prolonga el segundo mágico
que nos hace temblar
en el fondo del cielo.
Ama.
Siente cómo vibro
con tus caricias.
No cortes mi mirada con preguntas.
Mañana gritará el cielo que ahora
nos lleva a la cima.
No me preguntes si te quiero.
Siente lo que siento.
Mira. En el fondo estoy vibrando
y tú amas.
Sigue… sigue…

ELLA

Tal vez fuiste un ángel caído del cielo,
un fuego fatuo que salió del espejo.
Una prolongación tan mía
que atravesó los cuerpos
sin importarle el segundo de después.
Notaste como quería borrar la hora de vuelta a casa
para ser tuya.
Y yo no te conocía y te di mi cuerpo
y tú no me conocías y me diste tu cuerpo
para que te amara, para que me amases.
Después te fuiste. Te marchaste
como habías llegado y sin decir nada.
Ojalá entre las calles
el recuerdo de mis besos
haya quedado grabado
y no olvides nunca mis ojos.
Mientras halles niñas,
niñas de agua salada
que te lo den todo,
yo, intransferible,
única,
imborrable,
en tu recuerdo.

Nunca has sido
una mantis religiosa,
pero hoy has levado
tus alas trasparentes
y las has mirado desde arriba.
Después, te has lanzado
en picado contra la cicuta
de la soledad y la has aplastado.

Debes de ser de papel,
porque, si te quitan el calco,
todavía respiras.

¿Qué poderosa fuerza perfora
mi lánguida perplejidad
cuando el sol agita
las alas del deseo?
¿Qué poderosa fuerza oscila
por mi desnudez
hasta expulsar el polen
de la inocencia?
¿Quién se alimenta
de la única eternidad
que aún puede quemarme?

Estoy contigo
cuando la barrera de la verdad
la traspasan los sueños.
Y estás ahí, a mi lado.
Ya la niebla se ha desdibujado,
las dudas ya no son solo mías,
son también tuyas.
Ya el quizás en tus ojos
amanece a mi lado,
ya no tiemblan los dedos,
ya no siento los ojos de los gatos.

Solo te veo a ti. No siento tu oscuridad.
Pero, luego, ¡amanece! ¿A dónde vas?
¿Marchaste? ¿Ya me equivoqué otra vez?

¿Dudé?

Se ha desdibujado tu mágica mirada,
el vaho de la ventana
vuelve a saber a quizá
y sin ti me sumerjo
en un día más.
Pero sigues conmigo. No, ¡ya te fuiste!
¿Por dónde te has marchado? ¿Volverás?

Y tu mirada diosa pisa las calles y sigue a mi mirada.
No puedo besarte a ti, beso esa sensación
de que estás.

Todo son simulacros tan iguales a ti,
y te veo venir y te siento gritar: «¡Te quiero!»,
como gritaste anoche
cuando estabas conmigo.
No quiero verte,
pero te veo
y estoy sin ti,
pero estás conmigo.

Y no lo entiendo,
fue tan efímero
el caminar de tu dedo en mi espalda dibujando un corazón.

MELENDI

Quiero tener el valor
de no pensar en ti y olvidarte.
Quiero volver a vivir
riendo y riendo sin parar.
Que mi corazón gire y gire
y así, al girar, borre todos los recuerdos
que me dejaste al marchar.
Quiero comprender que tú
no me has querido nunca,
quiero pensar que solo
has sido un amigo.
Tú y yo. Un sueño precioso,
un sueño que se ha roto hoy
y yo comprendo
que tú y yo no existe,
que solo queda una amistad
que tú consumes y dejas morir.
Y como existe NADA,
como ya nada queda
y me siento tan vacía,
quiero tener el valor
de no pensar en ti y olvidarte,
porque la vida me sonríe
y quiero volver a vivir
riendo y riendo sin parar.

Ajeno es el tiempo a nuestra presencia dolorosa.
Escruto la oscuridad, pero hasta tu sombra se ha largado.
Me pusiste una capucha para que no supiese
a dónde me llevabas y me abandonaste aquí,
en una grieta del tiempo cubierta de vacío.
No sé quién fui, no sé por qué me has hecho eso,
no sé cómo me llamo.
Has borrado todo lo que toqué y
hasta los pobres sentimientos
han sido sustituidos por una capa de frialdad de témpano.
Es como si me hubieses colocado
los grilletes en mis flacas muñecas,
como si hubieses permitido que se trasladase
el vacío a mi nueva estancia.
Si pudiese perforar la soledad,
tal vez, supiese por qué me has abandonado.
Me resultaría odioso saber que carecías de propósito,
que torciste mi rumbo solo por placer,
por el deseo de verme fenecer.
Acaso me alcé contra tus semejantes,
acaso mi apetito fue insaciable y por eso me has castigado.
Si hasta el ángel negro llevaba alas, dime…,
¿por qué a mí no me las has dado?
Tatúo mi tristeza y lanzo mi desesperación
con la fuerza de un cíclope, aunque carezca de visión.
Todo está negro y deshabitado.
Todo va poco a poco desapareciendo.
¿Es eso lo que quieres?
Que hasta en mis sueños me vea consumiéndome
mientras tú reprogramas cada mañana mi soledad,
para que ni siquiera el viento esparza
el sinsentido de mi existencia.

Cuando los cascos retumban y las espadas cantan,
no hay refugio ante la tormenta.
George R. R. Martin, *Tormenta de espadas*

Viejos coches trucados
fisgan en la noche
mientras sus conductores
cabizbajos
meten los pulgares
en los bolsillos
después de recibir las bofetadas
y sentir cómo hieren
las facas en las gargantas.
Son pedazos de hielo,
que tiemblan
cual hojas
mezquinas y tristes.
Les dan miedo
las chicas guapas,
ni siquiera les dirigen la palabra,
pero sí sacan la cara
por esos lobos del asfalto
a los que les sale hasta el corazón
por la boca
cuando miran al contrario.

Tu cuerpo hospitalario acoge al extranjero.
Lo camufla entre sus alas,
libera las esporas de su melancolía.
Prótesis extrañas caen de rodillas
ante la omnipresencia de tus ebrios abrazos.

Bajo la luz de plata
se escuchan nombres de amor,
mieles de sueños.
¿Atrás? Atrás no mires.
Besos al límite, olas de espuma,
ojos de llanto.
Adiós.

Pelas la corteza de los recuerdos
cuando gira la hélice.
Abocado al beso,
tus ojos se beben mi cuerpo.
Rizas mis huesos en el césped
y sientes las aletas de mis senos.
Me amas.
Me prenderé a tu duelo
para que nadie
disipe el vuelo.

Susurras palabras con alevosía
entre besos... dardos enamorados lanzados por tus ojos...
estrellados.

María del Mar Frechina

Quiero gritar que te quiero,
pero mi garganta está seca
y un puñado de angustia
se rebela contra mí.

Me separa de ti una incertidumbre ciega
como ciega es la soledad
que te busca entre sombras.

Te alejas de mí sintiendo que te oprimo.
Me crees quizás demasiado
para tus ojos dulces
o tal vez no quieras mancharme
con tus brazos abrasadores.

Estás demasiado acosado
por una dicha opresora,
demasiado cercano
a una alegría vana.
Siento que es inútil mi llanto
y tu risa, vana.

¡Ay!, que de aquellas horas de alegría
le quedó al corazón solo un gemido
y el llanto que al dolor los ojos niegan,
¡lágrimas son de hiel que el alma anegan!

ESPRONCEDA

Cuando te besaba,
no quería preguntarte si me querías;
intuía la verdad,
pero no quería oírla de tus labios.
Yo sabía que tú no me querías,
que tarde o temprano te marcharías,
pero yo te quería más que a nada
en el mundo,
me obsesionaba
lo imposible,
la idea de que tú y yo
escribiéramos nuestra biografía.

Y me engañaba
si no ibas a mi encuentro,
te perdonaba al instante
y dejaba creer
que tú me querías,
que el tiempo
todo lo curaría.

El segundo estalló al fin.

Ya no me darías tus besos,
tus besos serían para ella.

Te juro que quise entenderlo.
Te juro con el corazón en la mano
que te esperé.

Envoltura de lágrimas
el día de tu muerte,
fue una pena, ¿no crees?,
que se rompiera tan pronto
la burbuja de agua.

Me lo ha dicho una flor emocionada.
Me lo ha dicho una niña morena.
Me lo ha dicho.
Tú, que un día te fuiste a puerto lejano,
que apenas dejaste una estela de tu amor.

Tan solo estambres, besos,
cuchillos de lágrimas,
palabras vacías.

Quedaron aquí:
esas baladas que eran mis palabras,
el suave cáliz agridulce de tu voz,
esos ojos profundos, cristalinos,
ojos repletos de sentimientos
que hablaban
mil veces más
que hablabas tú.

Me lo ha dicho
y me he quedado ensimismada.
Alegría y tristeza han estallado
al unísono.

No me has olvidado.
No ha muerto mi rostro.
Me llevas, perfume de rosas
en tu pensamiento.

Me llevas…
y quieres volver a ser mi aliento y mi voz.

Me ciegan las luces de llanto,
las horas tristísimas que pasé allí
anhelando respuestas,
anhelando tu dicha,
ese amor que cortaste
y yo dejé morir
aquel amargo día en que tú
te marchaste
y yo auguré que un día volverías,
¿recuerdas?
Pues «que te vaya bonito» es lo que te diría.

Guarda silencio. Mira cómo relampaguea lo que nos hemos dado,
cómo se comunican los cuerpos frente a frente para prenderse.
Este es nuestro mundo excitante y melancólico, subversivo.
Multiplica su belleza. No olvides que la gente se duerme con demasiada
[facilidad.
Que venga a mí tu agitación, que ame la imperfección nerviosa que me rodea,
que se pasee arriba y abajo por las estancias apagadas
hasta que las reminiscencias de todo lo vivido ordenen nuevamente la corriente,
hasta que enciendan esa lámpara apresurada que se inventa nuestros nuevos
[nombres.
Siéntate en esa silla a la que le he pintado alas, para que excite tu pereza.
El mundo gira y gira por sí mismo, despacio.
No hace falta que dirijas al cochero del carruaje.
Tú preocúpate por vivir, ponte de puntillas si hace falta.
Salta, abandonando las prendas en el armario de la desorientación.
Recoge el polen de las flores y expande su polvo por toda la casa.
Llénate de luz, resplandece. Después, mucho después,
cuando nadie te escuche, entonces, ya saldarás las cuentas.

Anoche trepé en mis sueños y fui a ti.
Te vi dormido sobre la cama y estaba mi foto allí.
No quise despertarte. Me limité a mirar
tus ojos negros cerrados y dibujé mis besos
entre ellos. Yo sé que soñabas
que estaba a tu lado. Y no había nadie,
solo silencio y besos…
fugaces, tiernos, que recorrían mi piel en tu piel.
Oí que me llamabas al silencio,
pero yo estaba allí y no te decía nada.
Solo quería protegerte de todas esas cosas
que podrían separarnos;
mientras tú soñabas conmigo,
me abrazabas riendo y lentamente
me quemabas de besos, de fuego…
Decías que nunca romperías mis ojos.
Me contabas historias.
Me abrazabas despacio.
Yo callaba y seguía a tu lado horas y horas.
Solo protegía tus sueños.
Luego me marché. Volví a la soledad de mi cuarto.
Me desperté, arrugando tu foto.
¿Y sabes? Eras tú quien había venido a mi cuarto.

> *Sería maravilloso poder llamar al viento*
> *por su nombre verdadero.*
>
> Mari Carmen Moreno

Me desespero por la vida de mi sueño.
¡Qué bonito! ¡Qué bonito!
Pero él está muy enfermo, cansado y viejo,
y se derrumba lentamente,
agoniza mi agonía.

Me despierta esa crueldad
despiadada de besos cálidos.

Besos inaprensibles
porque no fueron dados,
se secan en un adiós muy frío.

No escondo la tristeza,
sé que te has muerto, sueño del camino.

Ya no estarás a mi lado nunca más.
¡Qué difícil al amigo nublar la vista!
¡Qué difícil recordar!

Suelto todas tus mentiras
y atrapo libertades.
No comprendes el golpe de mi mano,
esa fiera bofetada a tu libertad.

Si me hablaras de ti,
no me cansaría de oírte.
El tiempo se callaría
y así podría escucharte.

Si me hablaras de ti,
sería exigente en mis respuestas
y tú elocuente en tus respuestas.

Si me hablaras de ti,
podría saber cómo eres,
podría mirar a tus ojos
y comprenderte.

Pero tú no hablas, callas.
Si supieras que te quiero,
¿revelarías tus secretos?

¡Oh, intrépidos abismos!
¡Oh, misteriosos sentimientos!
Habladme sobre ella,
luces que abrasan su personalidad.

Ágata, eras dulce.
Entregabas dulces rosas
a la noche
distante.

A nadie invitabas.
Inaccesible,
nadie te alcanzaba del todo
pese al silencio,
a ese silencio hueco
que pedía
tus crueles ojos
a gritos.

¿Por qué no los entregabas?

Alzabas tu silueta
en una tempestad de papel.
¿De qué huías
si ni siquiera tu piel
atravesaba el fuego?

Somos tan indulgentes con los otros.
Nos dejamos cazar por el enemigo.
Aceptamos la manzana envenenada.

MARI CARMEN MORENO

Ágata niña atravesó paredes desesperada.
Conjuró a todas las diosas de los cuentos.
¿Por qué corréis tras ella, brujas de los cuentos,
si helasteis su cordón umbilical?
¿Por qué os empeñáis en seguir sus pasos
si la dejasteis en la estacada?
¿Por qué entonces esa mirada demente?
¿Por qué entonces detenéis la marcha de su reloj
para hacer una costilla flotante
que le permita seguir sueños difusos
como rosas marchitas o bagatelas viejas?
¿Cómo podéis hacer tantos arañazos
a la tejedora?

Amanece.

Hoy no he querido escuchar a mi pasado.

Lo he lanzado lejos de mí.

Después lo he pisoteado y, cuando le ha salido sangre, le he escupido.

Sé que estoy mejor ahora, que no siento los resoplidos de los bueyes
que estiraban del yunque. Muchísimo mejor ahora que lo he abandonado
por las calles.

Las calles infectadas han intentado devolvérmelo.

—¿Eso es tuyo? ¡Cómo apesta! —Y han escupido de asco.

Los esquivé y, por suerte, desvirtuaron el tiro y su baba no ensucia mis zapatos.

Un señor pretencioso se arrimó y me dijo:

—¿Cómo huele el pasado? ¡Cómo apesta!

El necio pisó la sangre del pasado y enfermaron sus zapatos.

Me marcho.

Hoy no seré misericordiosa. Hoy no seré amable. Quizá me descubra
el sombrero otro día si te cruzas en mi camino, tal vez, tengas suerte y nunca
olfatees ese tufo a estofado del pasado.

En el parque, he descubierto el libro que limpia los pasados. Estaba dentro
de una papelera.

—No voy a estar aquí dentro de media hora —dije.
—Harás lo que se dice.
—No —dije—. Es usted demasiado grosero.

NICK HORNBY

Otra vez pesa sobre la anfitriona toda la responsabilidad.
No puede permitir que los camaradas
sigan recogiendo la flaca escudilla vacía.

No puede permitir que el extranjero se marche
y que con él desaparezca su piel retráctil.

Lo detiene antes de que lleguen los perros de la noche;
esos aguadores capaces de tragarse
hasta vuestras entrañas si no podéis ofrecerle soldada.

Solo tú, amigo mío,
provocas transparencias.
Deshaces al fantasma
cuando bendigo
los instantes
en esta noche oscura.

MARI CARMEN MORENO

Esta noche soñé que tú mimabas mis ojos
y me decías «Te quiero».
Soñé que yo te hablaba sin complejos
y tú me contestabas sonriendo.
Soñé que dos fundían el cielo
y se daban besos.

Soñé que tú decías
que éramos libres
para querernos.

Soñé que tú decías
que nada te separaría de mí,
que por fin estaríamos juntos.

Sí, yo te escuchaba
con los ojos bañados
de rosas que se abrían
poco a poco.

Tú callabas, me acariciabas
y decías: —Mírame a los ojos.

Soñé cómo los ángeles
hacían un círculo protector
a nuestro alrededor.

Y esta mañana,
cuando el jilguero me despertó
con su amargo canto,
todavía te veía
todavía soñaba
todavía aspiraba tu canto.

Sabor de amor.
Todo me sabe a ti.
Comerte sería un placer
porque nada me gusta más que tú.

DANZA INVISIBLE

Es inútil el sentimiento,
el tiempo dibuja
caricaturas en mi cuerpo,
sigue planificando el adiós
a todo.
Arrebato al quizá
su licor,
me mojo en la incertidumbre,
para seguir queriéndote.
Sumerjo a los futuros
en el lago
hasta ahogarlos.
Ya no podré olvidarte.
Todo sabe a deseo,
un deseo que yo sé
que es inútil.

Tu oscuro ojo se va secando y pronto el iceberg
saldrá disparado del cañón de su revólver.
Antes de que todas las fotografías
se transformen en meros *souvenirs*
en estos días extraños,
permítele a la memoria
transformarse en una droga de síntesis,
proporcional al alcance de mi imaginación.

Ya está aquí el fin de semana y vas a venir.
¡Qué fiesta! ¡Qué risa! ¡Qué sed de ti!
Apresúrate, amor, apresúrate...
Cuelga el cansancio en la percha,
deja ya las espinas, la toalla de sangre
y ven a mí.
Y mi foto mírala. ¡Qué descarada!
Cómo ríe, cómo baila
en el hueco de tu mirada.
Pero, venga, date prisa,
que mi cuerpo se está poniendo
el traje de fiesta: las medias negras,
la blusa, la falda que más te gusta
y mi pelo lo estoy peinando de gemas.
Estirado, revuelto, libre ya mi melena
de las gomas, los moños,
describe tirabuzones de seda.
Pero apresúrate, amor, apresúrate...,
que yo estoy escribiendo
todos los sueños, los besos y las caricias
que van a cubrir tu piel.
Y mientras me estoy vistiendo
y me empino para pintarme
los ojos y los labios, mi foto,
¡qué traviesa!, atraviesa el espejo
y no quiere que te vayas,
pero tú ya la has besado y te marchas.

Mi foto se queda helada, triste
y tendrá celos de mi boca y de mi risa,
como si no te tuviera ella todos los días
mientras yo estoy tan sola.
Pero apresúrate, amor, apresúrate...

Nunca jamás
una centella de locura
sacudió Fantasía
con tanto ímpetu.

Mari Carmen Moreno

Apresúrate, Peter, apresúrate…,
que yo estoy dibujando
todos los sueños alegres
para la ventana de tus ojos.
¡Venga! ¡Date prisa!,
que yo me estoy poniendo
el traje de fiesta,
la falda de la imaginación,
las botas de siete leguas.
Y mi pelo lo estoy peinando de gemas
estirado, revuelto, libre ya mi melena
de las gomas, los moños,
describe tirabuzones de seda.
Apresúrate, Peter, apresúrate…
Cuélgate Nunca Jamás
a la espalda y ven a mí.

Apenas una sombra caminando a tientas.
Las luces me cegaban.
No escuchaba los ecos del silencio.
Las voces que gritaban que me fuera.
Veía cómo amabas su sonrisa plateada.
Dejaba que me triturara la mirada.
Seguía agarrada al viento, helada mi pequeña sonrisa.
Huía por momentos la hipocresía de mis sueños.
Quería olvidar mirando cómo estabas con ella.
No sabías que me estabas rompiendo
las ideas locas de besarte una noche
ni que podía gritar tu nombre
aterida de frío, porque no estabas.
Ni podías soñarme tú.
Ni existían los sueños uniéndonos al mañana.
No sabías que sentía que mis labios lloraban
al verte allí, aferrado a otro sueño
a mi lado, apenas unos milímetros
de segundos nos separaban,
pero tú estabas con ella.
No podía miraros.
Cada minuto se helaba de espanto.
Lloraba sin llorar mis labios rojos
y ardía de tristeza mi corazón
porque yo no era ella.

Solo él es capaz de estremecerte
incluso antes de haberte creado.

MARI CARMEN MORENO

¿Por qué sigues corriendo, Arlequín?
Si ya de niño te difuminabas, cual fantasma,
mientras Ágata atravesaba las paredes desesperada.
Tú conjurabas a las brujas de los cuentos
para que no te encontraran y te burlabas.
¿Por qué corres hacia ella hoy
si helaste su cordón umbilical?
¿Por qué te empeñas en seguir sus pasos
si la dejaste en la estacada,
si nunca quisiste que te siguiera?
¿Por qué entonces esa mirada cómplice
que vuelve demente a la inocencia?
¿Por qué detienes la marcha del reloj
y haces una costilla gigante
para que siga dibujando sueños difusos?
¿Por qué le haces tantos arañazos
a la tejedora?

Dices que me tienes tanta confianza
que por eso me lo cuentas:
ella es pura trola y tú nunca la has querido.

Dices que no quieres que sea como ella,
que esa sería una aleación
que nunca apreciarías.

Dices que ella es de las que se lanzan a la piscina sin pensar.
Entonces, por qué marcas su número
si su envoltorio es una fea máscara.

Estás allí, allí.
Parece que por una abertura
que tiene la ventana de mi corazón
oigo tu nombre.
Lo escucho
mientras vacío mi mente
y me sumerjo en ti,
en tu recuerdo intacto.
Al escuchar tu nombre,
la ventana de mi corazón
poco a poco se va abriendo
y siento que te grabas con fuego.
Tan hondo penetraste
que ahora que estás ahí
ya no quieres irte.
Y en la ventana de mi corazón
escribo con el dedo tu nombre
en los empañados cristales
muertos de miedo al amor
y cansados de decir adiós.
Dibujo tu nombre,
despacio,
como si temiese
que el viento
lo desvaneciese,
cual fuego fatuo.

Y, a través de la ventana
de mi corazón,
te veo más y más cerca,
tan cerca
que casi puedo tocarte
y escuchar tu voz.

Crueldad subyugada es el deseo.
ANA ROSSETTI

Te abres con esa incandescencia del deseo.
Agitas las alas, doblas el espinazo.
Te fumas la soledad y esta se resquebraja.
Mitigas el miedo, te balanceas.
Desarmas anormalmente todos los indicios
que han predestinado tu voluntad.

Antes de descargar los datos de la memoria RAM,
antes de que se insinúen los arañazos y caigan al caldero de la malicia,
pongo a secar todas aquellas palabras
que se colaron en el autobús
cuando nos despedimos y tú tiraste
el adiós a la cuneta de la carretera.
El que boicotearas mi inocencia
y me convirtieses en una mantis religiosa
sin haberme rozado
ha hecho mella en nuestra amistad.
Ahora he levantado las alas transparentes;
me encantará proporcionarte la cicuta de la soledad;
por eso, he calcado a conciencia
todo lo que me hiciste
y estoy dispuesta a devolvértelo con creces.

Esta mañana, cuando salías de casa,
te seguí
como el viento sigue a la mañana
o la espuma al oleaje.

No quería abandonarte
y disolví mi silueta en la tuya.
Me abroché a tus pasos
y miré detrás de ti
para verme
idéntica a como tú
habías querido dibujarme
con el punzón
de todos nuestros recuerdos.

Te borré con migas de pan
el hastío y el cansancio
y te quité todo el frío
que te zahería.

Toda la energía
que tú habías derramado
te la devolví
hasta la ebriedad,
hasta hundirte en mi cuerpo.

Y entre las calles presentías
mi respiración.

Te preguntaste si ese olor
era yo o era
mi recuerdo
que tiraba de ti,
que no te abandonaba.

Habéis descubierto que la integridad
es una criatura felina
vestida de falsa colegiala.
Os habéis dado cuenta
de que exfoliar vuestros rostros
no será suficiente
cuando mováis el engranaje
de vuestros cuerpos
hacia la aguja de la melancolía.
Sabéis lo que tenéis que hacer:
para volar
por esos simulacros en miniatura
debéis colocaros las alas.

He interpretado correctamente la metralla de tus palabras.
Pretendes eximirte.
Pretendes que mire por la mirilla de tu corazón
y diseque la historia que hemos vivido juntos,
que seque las raíces de todas esas feas palabras
que han surfeado entre los dos.
Tú has salido airoso en la pelea contra los elementos.
Yo… he perdido el equilibrio y me he hundido.
Me parece perfecto.
Pero, si metes mis sueños en ese viejo baúl,
lo cierras con tus propias manos y te largas,
¿qué te quedará de lo que hemos vivido?
Conjuro a Hécate,
que me acribilla con sus preguntas.
Quiere saber exactamente qué es lo que quiero,
cuál es mi deseo más oculto, antes de chasquear los dedos.
Le pregunto si mi destino le causa repulsión a la persona
que tanto he amado,
si ha sido por eso por lo que me ha abandonado.
Mi pregunta es de una clarividencia incuestionable.
No te preocupes, ahora su apetito es insaciable,
el infeliz desconoce cuál es la raíz cuadrada,
ha olvidado tempranamente el número pi
que hace girar la polea de los sentimientos.
Cuando descubra que fuera de este valle
el territorio se ha quedado baldío,
mugirá como un toro herido.
Entonces podrás clavarle la espada.

En el subsuelo de lo femenino nacen las crisálidas,
esos espíritus que se encienden por la noche
y bailan frenéticamente para el oráculo.
Sus pies, recién nacidos,
se mueven por el sendero de la verdad,
saltan a las cavidades de los árboles,
hostigadas por las voces que susurran las historias.
Reservadas para un mundo irreal,
el oráculo les ha amputado las raíces,
para que no puedan reencontrarse con su manada,
para que desconozcan la depredación.
Son demasiado voraces e inconscientes
y, si vacilan, se tornarán desleales,
se perderán cuando escuchen
los susurros agónicos de sus padres,
que han penetrado en el Bosque Negro,
aunque ellos aún no lo saben.

—Ven a bailar —dices.
Y saltas a la pista decidido.
Te vuelves ritmo, aire en el aire.
¡Puro equilibrio!
¡Tus pasos siguen un compás
marcado por la curva de tus pies!
Ya eres libre. Ya eres único. Ya eres fuego.
¡Estás envenenado, hechizada tu piel!
Los ojos de la gente se beben tus piruetas
y miran atónitos tus saltos, tus giros eléctricos.

Es una sensación múltiple:
tu mente en blanco...
Se cruzan los cables de tu razón,
¡¡echan chispas!!

De hiedra, la música,
de vértigo, tú.

—¡Ven! —Y me alzas.
Tus manos aladas se enredan,
giran, danzan...

Ahora me estrechas, ahora me curvas.
De viento, tus pies; de risa, mis ojos.

Horizontal te miro.

Y dices:
—¡Ven!
¡Cúrvate! ¡Aléjate!
Vuela, cohete.
Vuela, estrella.
Ya eres sublime.
Disuélvete y en mi cuerpo enrédate.
Desnúdate del mundo.
¡¡¡Somos tú, yo y la pista!!!
¡Sofoca el miedo!

—¡Ay, que me lío...!
¡Ay, que no sé!
¡Ay, que me voy a caer...!

—¡¡¡Déjame!!!
Que yo prefiero otro baile.
Que yo prefiero bailar
en un alma o en tu piel.
—¿Ves? Eso sí sé.

Menos mal, sigue siendo gratis soñar.
Esta vez hice la maleta para no volver,
subiré a las montañas, me verás en la más alta,
allí me quedaré.

La Fuga

Es el lado oscuro de vuestra fuerza,
el coraje que clava la espada,
donde tirita tristeza.
Qué bonito veros
a contracorriente
fabricando esa burbuja
que inocula optimismo.

Jaleáis, hacéis trampa,
metéis la soledad
dentro del laberinto
después y con orgullo
la zarandeáis.

Me pregunto si tendrán memoria todos esos lugares
por los que he paseado mis raíces amputadas;
tierras que fueron vírgenes, señuelos que me sirvieron de alimento.
Me pregunto si en ese lugar podré desentumecerme;
si allí hallaré ásperas telas que me protejan del frío
cuando inicie el viaje que no tiene retorno.
Tiemblo ante la yesca, que incita al fuego;
tiemblo al incubar las crías que pronto se unirán a la manada.
Cuando esterilizo las heridas, miles de luciérnagas surgen de la oscuridad.
Su iridiscencia no deja lugar a dudas:
es ahí donde se forjan las armaduras que protegen a la guerrera.

¡Ay!, que de aquellas horas de alegría
le quedó al corazón solo un gemido
y el llanto que al dolor los ojos niegan,
¡lágrimas son de hiel que el alma anegan!

Espronceda

¿Qué haces, corazón,
vagando entre sollozos?
¿Qué hacéis, sentimientos,
llenándome de ecos los oídos?
¿Por qué razón te has ido
y me has abandonado?

Soy una loca,
una loca enamorada
en busca de un amor
y eso… eso me daña.

Entre los más jóvenes chillo
y doy mi amistad.
Me acerco. ¡Ojos tristes!
Me alejo. ¡Tengo miedo
de mi propia sensibilidad!

Me dañas y me voy.
Tú llegas tan galante.
Me ofreces una rosa de papel
y, mientras ella respira,
soy feliz.

Una ilusión vacía
viene a saludarme,
son muchos años llevándola de la mano
y poco a poco me va abandonando.
Te quiero, tú te alejas.
Ya no estás aquí.

Me marcho silenciosa
aunque mis ojos vuelvan
una y mil veces allí.
Pareces tan distante,
te bañan otros mundos,
otros sentimientos, otro corazón.

¿Acaso es mi inocencia
esa que hoy se ríe
cuando ella fue
la que tanto me dañó?

Soy una loca, una loca enamorada,
detrás de una ilusión.
Hoy se ha ido y ha surgido otra.
¡Qué horror!
Es exactamente igual
que la anterior.

Pese a que Baba Yaga te ha prohibido que tañas la campana,
[tú no te has achicado.
Eres una cautiva, pero no te importa hostigar a otros moribundos al arrastre,
invitarlos a huir hacia el pantano antes de que el numen
[de su historia sea devorado.
Tú misma has invocado a la Fuerza, le has pedido el valor suficiente
y ella te ha transformado en una valiente amazona difícilmente reconocible.
Ya no hay vuelta atrás, lideras la resistencia,
aunque no seas la hechicera de la que hablan los dioses.
Convences a tus aliados para que se desprendan de su existencia pasada.
Les colocarás las máscaras y de este modo nadie los reconocerá;
nadie sabrá que la fábula que deben inventarse sobre su vida
ha sido devorada por esa Nada que avanza detrás
y muerde el polvo por el que avanzáis.
La Baba Yaga dirige cada uno de sus pasos,
le muestra a través de sus ojos a dónde nos dirigimos,
le incita con el látigo de sus palabras a devorarnos.
Debemos transformarnos antes de que el carro
[de la mañana delate nuestra posición.
Sé que no somos caníbales, pero es la única salida que nos queda.
Desprendámonos de lo que hemos sido antes de llegar al pantano.

Sería maravilloso
llamar al viento por su nombre
y sentir que fluye como una palabra
a la que ni siquiera
has inducido a moverse.
Qué extraño sentimiento
se explaya por el desierto,
qué extraña locura agujerea
la placa de titanio
incrustada en mi pierna.
Esto es mío:
el trayecto es una pulsera magnética
adherida a mi mano,
una pluma
que me impele a explayarse.
Crearse un nuevo nombre
te agosta aunque la valentía
se yerga como un bambú
balanceándose.

Quiero que la saeta de los sueños
lance en zigzag el zapatito de cristal.
Quiero que abra la puerta intergaláctica
que me muestre lo que nadie ha visto:
ese gigantesco invernadero de cristal
donde los sueños florecen sin pesticidas.
Ahora lo sé, sé que, cuando llegue al abismo,
la golondrina me tenderá su pico.
Sé cómo actuará, sé que mojará
su herida ala en tinta china.
Sé que las palabras brotarán,
hermosas palabras en ondas sonoras
multiplicándose.

Ni mis palabras me entienden.
Todavía no sé lo que soy
ni he llegado a ninguna meta.
Él sí. Él ha abrazado tempranamente
la madurez.
Él se termina su ración de sabiduría
como yo me termino
un vaso de leche con galletas.
¿Para qué necesita explayarse conmigo?
¿Para qué necesita explicarme
el significado de los cuatro puntos cardinales
o darme una brújula
que mitigue mi desorientación?
Es preferible que sus dedos experimenten
el frío de mi copo de nieve
antes de que su cuerpo sea atravesado
por la metralla de mi realidad.

La camisa de fuerza es deslazada
para permitir que el pez chico se coma al grande.
Otra vez el viejo truco, otra vez se abren los portalones
para que las naves entren al puerto y se avituallen.
Otra vez pesa sobre la anfitriona todo el peso de la responsabilidad.
No puede permitir que los camaradas sigan recogiendo la flaca escudilla vacía.
No puede permitir que el mercader se marche
                                    [y que con él desaparezca su piel retráctil.
Lo detiene antes de que lleguen los perros de la noche; esos aguadores
capaces de tragarse hasta vuestras entrañas si no podéis ofrecerle soldada.

No te resultó fácil salir del cascarón, no fue un camino de rosas,
tuviste que acostumbrarte a la frialdad de los pistoleros;
tuviste que interpretar la mímica de sus rostros.
Las sirenas quisieron acompañarte,
quisieron protegerte con su canto estridente.
No querían que volvieses a atormentarte,
como ya te había sucedido en otras ciudades extrañas,
pero tú eres un buen chico y no les dejaste engatusarte;
no permitiste que asomasen sus rostros a la calavera de tus ojos.
Ahora te sientes estúpido.
Te exaspera la ensoñación de la lluvia;
no soportas los goznes de la puerta del pánico.
Es mucho más sencillo engancharse
al mando de la televisión y amplificar sus ondas
hasta vallar la mudez de tus actos.
Es más sencillo flipar
con lo que a uno le venga en gana;
permitir a los pistoleros que te inoculen
el ántrax de la enajenación.

—Escondedme —les digo a los espíritus de la noche—.
Escondedme para que no me alcancen los cazadores.
No carezco de aplomo, pero temo al señor del castillo;
temo a su airado rostro; a que su daga, sedienta de lujuria,
abra la puerta oscura; a que el tigre salte sobre mi cuerpo;
y a su lengua mendaz.
¿Acaso no sentís piedad?
¿Acaso es la necesidad de transitar por su feudo sin capucha
la que empuja el rugido de vuestros corazones?
¿Acaso sois ahora bestias inmundas
y no os importa que mi doncellez
sea desgarrada, asaetada por un mamut sediento
de imposibles deseos?
Un miserable asunto es este.
Participáis en un juego alentado por una lanza
que oscilará sobre vuestras conciencias
y sobre las conciencias de vuestros vástagos.
Alentad su fiereza, pero recordad que, si no lo remediáis,
vuestras ambiciones se caerán al pozo
y solo el pestilente hedor de vuestras conciencias adormecidas
recobrará todas esas raíces embrutecidas.
Os aseguro que no es por vanidad.
Os aseguro que no quiero vivir mil vidas;
solo una, la que me ha sido destinada.
Os aseguro que no somos tan diferentes;
vuestra lividez es también un vestido desgarrado por su espada.

Nuestro amor tiene un instante,
el instante mágico
cuando nos conocimos
y todos los meses
lo rescatamos
del tiempo, lo revivimos.
Lo cogemos de la mano
y, ¡aúpa!, nos lo llevamos con nosotros.
Nos lo devolvemos yo a ti y tú a mí.
Lo dejamos reír y saltar.
No es un amor virgen, maduró,
pero sigue todo igual.
Lo atizamos
para que se haga más fuerte,
para que sume más y más instantes.
Lo atizamos
para que pose con dulzura
en todas las fotografías.
Y, si alguna vez se lastima,
le echamos alcohol
para que cure con rapidez.
Y siempre lo revivimos
para que sepa que es nuestro
nuestro momento infinito,
el mágico momento
cuando nos detuvimos.

Nuestra existencia no es paralela,
tú puedes repeler mi poder
o conjurar las aguas
para desequilibrar mis pies
y hacerme caer
sin escuchar mis lamentos.
Tú puedes cortarme por la mitad o asfixiarme
antes de que yo cuente hasta tres,
antes de que me contonee e intente pegar el salto hacia la luz.
Ya no sé quién soy,
todas las filmaciones
se han esfumado de repente;
todos los sentidos idos me conducen
a una melancolía que se sitúa
fuera del amo del calabozo.
La memoria es sitiada, le has quitado el interruptor
y se ha apagado de repente. Así de sencillo.
Has hecho jaque mate
antes de que pudiese inventarme
una estratagema para contrarrestar tu juego.
Cómo has logrado traspasar el teclado,
plantar un árbol, escribir un libro,
tener un hijo por mí.
Me has arrinconado
y, aunque no doy mi brazo a torcer,
no encuentro el comando de la realidad,
la fuerza ciclópea
que podría regenerar mis venas.
Si te llevase a mi territorio,
nada podrías hacer,
pues tú no puedes comerte el bocadillo,

dormir en una cama mullida,
sentir el efecto vibrador de un corazón.
¿Qué puede hacerse para romper las cadenas?
¿Cómo salir de la mazmorra artificial
en la que me has enclaustrado?
Enciendes una lucecita traviesa,
apenas un fotón,
que arde durante un minúsculo instante.
Sé lo que anhelas de mí, espíritu malévolo.
No te lo mostraré; no te enseñaré
esa pira mortuoria
que propulsa mi cuerpo;
no te entregaré
el secreto de la vida
aunque tengas hambre.

Conozco a los tuyos, poderoso espíritu de las aguas.
Sé que ese peine de plata
que utilizas para desenredar tus cabellos
es un arma voraz, un talismán que puede debilitar los músculos.
No es necesario que escondas tus pezuñas, estoy aquí
porque respeto el arcano, porque quiero que me invites a un pedazo de tarta.
Levitar contigo será todo un honor,
será como llegar al planeta Prohibido y descubrir los sensores del agua.
Invítame a ese sol oscuro, traspasaré la barrera del sonido.
Te prometo que no desearé volver,
                                            [que escucharé tu canto sin taparme los oídos.
No soy como los otros, mi ego no es excepcional ni poseo conocimientos
u leyes que otros no hayan descubierto con anterioridad.
Sé que el tiempo es relativo y, puesto que lo sé,
imagino que no me asistirá un temblor ni titubearé si me abres la puerta.
El mundo ya no tiene sentido para mí; solo soy un espectador
de mi propio *show*, un Truman sin personalidad, una comedia bufa.
Cuando lo descubrí, pensé en la muerte,
pensé en enfurecerme con todos aquellos que me habían mentido.
pero sé que me engatusarían, que no podría enfrentarme a ellos.
Prefiero el encantamiento perpetuo.
No debe de ser tan difícil tragarse un corazón
que uno no siente suyo,
así que espero fervientemente esa regeneración que me has prometido.
El afuera se hace añicos ya.
Todo ese sufrimiento que has vivido con cuentagotas
no puede compararse a vivir en un encantamiento perpetuo.
Enmudeces antes de quitarte el sombrero y besarle los pies;
antes de beberte hasta la última gota, antes de que tu alma sea trepanada.

Se oye un grito de angustia.
Nadie habla. Nadie escucha.
El sueño se cierne sobre el alma.
Solo un alma está despierta.
Gime, llora.
Gotas de música estrellan su cuerpo.
¿Qué dice esa alma?
Un nombre a su almohada,
que hinca con lágrimas.
Un secreto que guarda,
el mutis de sus labios.
Los abre. Va a decir algo.
Tiembla... Los cierra.
¿Lo sé? ¿Sé por qué llora?
Recuerda un nombre.
Lo sé. Sé quién es ella.
La estrecha, le grita.
Sobre esa ciudad,
otro grito de angustia,
una noche fría.
¡Qué alegría tendrá esa niña!
¡Mañana surgirá el sol con fuerza!
¡Mañana será otro día!

En el útero sitúas los huevos de la valentía en hilera.
Él cree fervientemente que, si enciende el fuego,
le permitirás incubarlos
cuando cuelgue palabras a tu oreja,
cuando te arroje al dédalo de su pena.

Observa tu espíritu
a través de los rayos infrarrojos de sus ojos,
una miríada de tristes pensamientos
abre con sus tenazas tu mundo subterráneo.

Como un cachorro necesitado,
es ese recuerdo convertido en cadáver
después del ronroneo silencioso de tu adiós.
El vacío se deshace de las vocales, amargos terrones de azúcar.
Me deshago de las crías de nuestro cariño
mientras gesticulas como un monstruo
y te mueves a diestro y siniestro.
Preferiría que te hubieses enfrentado
a mí de tú a tú,
preferiría que no hubieses profanado
la tumba de los sueños,
que no me hubieses golpeado
en el vientre y que no hubieras permanecido
inmune a la devastación.
Si no te hubieses arrodillado,
si no hubieses aguijoneado
esa tierra que hemos hollado juntos,
si tus besos consternados
se hubiesen desapasionado poco a poco,
tal vez, me hubiese sentido conmovida
por el resoplido del toro herido,
tal vez, no hubiese necesitado
acribillarte a preguntas y
hubiese batido las alas con majestuosidad.

Amor, tú eres siempre mi amigo
y no quiero escuchar a los demás.
¿Sabes? Todos ellos me dicen que en tus ojos
el peligro me acecha
y que un código que no conozco
amenaza mi libertad, y me previenen.

Pero yo tengo sordos los oídos
y no escucho esas voces
en mi pequeño mundo.

¿Sabes? Siempre que te miro,
no comprendo el mundo
que nos circunda.
Tú eres tan simpático, tan sincero,
que no sé por qué tengo miedo.

Tengo miedo, ¡sí!,
y, sin embargo, tú conoces mis secretos.
Para ti no hay barreras
y eres llama incandescente,
porque no mueres nunca.

Abstracto eres, pues no te veo.
¿Eres un hombre o no eres nada?
Eres algo que me envuelve
y rebotas en unas caras
que cambian con el tiempo.

¿Has muerto alguna vez,
puñal candente?
Oh, estrella
que arrancas sentimientos,
¿quién te rige?

¡Oh, amor, jamás te olvido!
¿Acaso eres mi amigo o simplemente el sueño
que me arropa y un día, si me deja,
congelará mi destino?

Sube al resplandor que recorta los días.
Desengáñate: Tu mundo dormita.

MARI CARMEN MORENO

¡Oh, Señor inmisericorde!
No atices con tu mano
mi humillado corazón,
abandóname en el desierto,
pero no me desalientes.
Deja que sea yo misma
quien elija mi senda,
quien expíe mi culpa.

Multiplicaré los panes y los peces.
Te seguiré mientras me ames en el desfiladero.

Mari Carmen Moreno

Era una tarde de primavera, ¿recuerdas, corazón?
Tú saliste de casa porque querías arremeter
contra tus sueños y ahogarlos.
La pista de aquella discoteca te pareció
el candil del mundo idóneo para chillar
y azotar tus ideas lastimadas
hasta que —ya desnudas— se hundieran
en el silencio
y la espiral de tus pies se puso en marcha:

¡Bailar, bailar
hasta olvidar!

¡Bailar, bailar
hasta arrancar
          de cuajo el dolor
              y sin piedad desterrarlo de tu vida!

Y de tu corazón chiquito salieron
todos esos recuerdos helados y gigantes,
y se reían de ti: «¡Ahí va esa loca!».
Se enredaban, te seguían, te empujaban…

TRISTEZA.

Ya la noche se acercaba de puntillas.
Tú dejaste de bailar
y te quedaste mirando cara a cara
la sombra que hacían tus recuerdos.

¡Qué susto te diste!
Era imborrable.

—¡Vete! ¡Vete!
Pero ella felinamente
arañaba tu cara.

—¡Vete! ¡Vete!
Pero ella era una sombra
y te envolvía toda.

Y entonces, cuando una débil lágrima
que obedecía a tu sombra
iba a saltar el trampolín,
alguien hizo un ademán. Se inclinó.

Miró a un lado, luego a otro. Te vio.
Y esa mirada imperceptible, furtiva, quieta
se quedó contigo.

Y, cuando tú la descubriste
e ibas a lanzarla de allí, furiosa,
la mirada trepó audazmente a tus ojos
y se quedó allá.
Tuviste que devolverla.

Era ígnea, inefable, húmeda…
Y poco a poco salpicó tu vida
con palabras niñas que vacilaban,
con besos imperceptibles que amaban
y caricias aladas que tiraban de tu dolor.

Y la sombra de tus recuerdos
se fue quedando sin sitio
y, un día,
convencida de que ya no te dolía,
se marchó.

¿Si tu piel es inmune
al fuego
por qué huyes?
Ni los inocentes
pueden salvarte
si te quemas.

MARI CARMEN MORENO

Desnudas la sospecha que antes fertilizaba
y descargaba su fiereza contra la corriente.
Ya no te sientes predestinada a tirar piedras,
pues hasta las piedras tienen un alma
y te prohíbes desafiarlas.
Tu conciencia se explaya.
No necesitas el triunfo de la inmortalidad,
te basta con ser un cuerpo que se construye
su propia ínfula extraña
en medio del desierto.

Has llegado en una nube esta mañana,
una nube plateada de ilusiones y de amor;
tú has llegado y tu llegada resplandece de calor,
replica el voltear de la campana.

Mis ojos azules te han mirado
y en su azul han sucumbido mi sentir,
mis labios sin saber nada que decir,
mis puertas de palabras han callado.

He querido decirte felicidades
y arropar mis palabras con una rosa flor.
Bueno, mi secreto, ¿ves?, tú ya lo sabes.

Ahora he confesado. Ya me conoces,
es extraño el resplandor de tu interior,
tú en sueños compartes mis ilusiones.

Los besos que perdí
por no saber decir:
—Te necesito.

LA FUGA

Querido amor:
Todo ha dejado de tener sentido
en el elixir del pasado.

Buceó tanto dentro de tu corazón
que, si lo conocieses, te asustarías.

La morada de tus sueños
está asida a mí, pero te marcharás
deprisa, sin siquiera una súplica.

Todo lo tuyo queda aquí menos tú.
Mi piel se ha convertido en un aullido
que renuncia a que vuelvas.

No es fácil elegir dos mil formas de sentir,
dos mil formas de vivir,
tendrás que aprender a escuchar
al duende que está ahí, en ti.

LA OREJA DE VAN GOGH

Todo parece infinito,
hasta los sueños extraordinarios.
Emotivamente despides
a la vieja razón de los desheredados.
Ellos desconocen
cómo has atrapado el desaliento
en esa bola de cristal.
Intuyen el poder purificador del fuego,
pero están desacostumbrados
y la pereza se ha convertido
en una sombra alargada que los precede.
Deshacerse del fardo de la tranquilidad
no es suficiente.
Hay que lanzarse al abismo,
hay que atreverse
a dar la cara por uno mismo.

De vez en cuando los caprichosos dioses,
inmersos en su vacuidad,
en su carro engalanado de manjares,
vislumbran un corazón al que deciden salvar,
una valentía que merece la pena ser espoleada.
Se colocan el antifaz de la magnanimidad
y se lanzan en picado.
Hasta la vanidosa Venus es capaz de sentir ese aguijón,
incluso ella desfallece si su héroe es vapuleado.
Incluso ella es capaz de lanzar un grito ahogado
ante el fiero destino de sus protegidos.

Desapareció en el infinito mi soledad.
Me sentí cansada de meditar
y, embutida en bufandas de abrigo,
me abrí poco a poco a mi entorno
y, matando aquellos sentimientos de llanto,
me sumí nuevamente en la alegría
de la fiesta común.

Desapareció en el infinito mi soledad
y sentí otra vez la alegría, no el llanto,
y sentí otra vez que quería ser feliz,
y aparté de mis ojos sus ojos.

Desapareció en el infinito mi soledad,
salté al bullicio con fuerza
y comencé a vivir furiosa
sin pensar que a mis pies
se moría el maldito pasado
y solo quedaba un rasguño,
una pequeña herida
que fue cicatrizando con los años.

Hasta el más poderoso de los hombres
se siente cobaya
cuando inicia la cacería.

El cosquilleo de la duda
le hace temblar la flecha
y errar el tiro.

Su cuerpo,
atrapado por los presentimientos,
aprende dolorosamente
que la vida no es más que una fracción
de instantes
que necesitan entrenamiento.

Al duelo hemos invitado a las palabras.
Corren como caballos, en desbandada.

MARI CARMEN MORENO

Los orificios de tu cuerpo
abren el sol quebrado
a las orillas.

Aúllan imperceptibles,
como terrones de azúcar
mojados de emociones.

Como pelotas apretujadas
por sueños temblorosos.

Hasta traga saliva el frenesí
salvaguardando los silencios.

La vida te da sustos y no es justo
la oportunidad se agota
noto una fuerte presión
será lo último que sentirá mi corazón.

PORTA

(Te ha comido la ilusión el gato)
MARI CARMEN MORENO

Hemos perdonado errores casi imperdonables.
Hemos intentado sustituir personas, insustituibles,
mientras olvidamos a otras, inolvidables.
Hemos actuado por impulsos sin ser impulsados,
quizás fue la rosa de los vientos
la que propulsó sueños que jamás hubiéramos imaginado.

No quiero ver el aire que respiras,
comprendo que es impuro
y temo que me dañes.
Solo quiero que te decidas:
que vengas o te marches de mi lado.

Eres dulce y por eso te quiero.

No deseo que sigas con ellos,
porque dañan tus ojos
sus rostros malditos
y transportan sus manos
deseos inauditos.

Solo busco que huyas de ese abismo
y deseo ayudarte a volver,
solo quiero que te decidas
para intentar que vuelvas a renacer.

Si quieres oír los quejidos
de los que besan el terror,
mira los ojos de niños
que arañan tu televisión.

SARATOGA

Venga, quedaos conmigo.
Fraccionad todos esos nanosegundos
de melancolía.
Dejadme enseñaros
cómo construyo mi nueva cápsula
de propulsión espacial.
No me miréis así.
He arreglado todos mis cortocircuitos
y prometo transformarme
en ese juguete de diseño
con el que siempre habéis soñado.
Si lo preferís,
puedo adormecer mi instinto,
borrarme la memoria
y crearme un nuevo avatar *online*.

Y aquello que pregona esa voz interior,
eso no engaña nunca el alma esperanzada.

SCHILLER

Vosotros mismos habéis invocado a la Fuerza,
le habéis pedido el valor suficiente
para transformaros en valientes amazonas
difícilmente reconocibles.

Los sucedáneos de la fantasía alquilados
se congregan para pasar revista.
Es difícil salir del cascarón
cuando el anhelo trasnocha desorientado
y el cuerpo desconoce la mímica
de la muchedumbre.

Depende mucho de con qué mano
os peinéis los cabellos,
de si sabéis a dónde os dirige el sendero
que estáis atravesando.
Depende de si, al dormiros,
os habéis despertado.

Ellos son capaces de volverse dulce caramelo
para fundirse en vuestra lengua y contar hasta el infinito.
Ellos yacen a vuestro lado y, cuando tus palabras gimotean,
se vuelven dulce caramelo, se funden en vuestra lengua,
cuentan hasta el infinito.
¿Crees que susurrándoles
al oído podrás guarecerte de la tormenta?
¿Crees que, si recuperan lo que ya se ha ido,
podréis volver por el mismo camino?

En las palabras se hallan
todos los ritos de iniciación
que necesitamos para atravesar
el sendero de la verdad.

Gracias a ellas,
reptamos como serpientes de cascabel,
aullamos como lobos,
volamos como águilas.

Ellas capturan lo que hemos vivido
y todo lo que nos queda por vivir,
ellas permiten que salga
el sujeto del objeto,
ellas nos prestan la luz
para que veamos
cuando nos volvemos ciegos.

Las palabras forjan la llave
sin mácula que abre la puerta
del cuarto oscuro.

Nos permiten asomarnos
a la ventana transparente
que muestra tanto lo que perece
como lo que se crea
fuera de nosotros.

Gente paseándose por Beverly Hills,
obsesos de sus fetichismos,
encajonados en sus dirigibles de cristal.
Evolucionan, evolucionan, evolucionan.
Sus vidas son dirigidas por mechas
que sueltan puños a diestro y siniestro,
teledirigidos contra el enemigo,
esos búfalos que se mueven como hormiguitas
y trabajan, trabajan, trabajan,
aunque desconozcan el techo
en el que se cobijarán,
el barro que cocinará sus vidas,
el suelo que agrietará sus pies,
el golpe que ahogará sus sueños.

La guarida del espíritu ha sido excavada
y gotea fragilidad.
Personificada la clarividencia,
el kamikaze amordaza las heridas,
hostiga al señuelo de la imaginación,
le susurra al oído que esterilice
todas las vanas quimeras.

Bulliciosas vibráis, interpeláis híbridos abrazos,
guiños dirigidos al óvulo de vuestras casas.
Las emociones zumban en vuestra sien,
ensanchan el ojo que todo lo ve.
Estiráis de las barbas el reloj
mientras zumbáis sobre la superficie de las cosas.
¡Cuánto placer sentís al frotar la lámpara maravillosa,
al meteros en la boca del lobo!
Saltáis hacia el abismo
convencidos de que, si permanecieseis inmóviles,
la propia inmunidad os dejaría helados.

Los instantes irresistibles no se olvidan.
Os achican en la oscuridad.
Saben cuáles son vuestros propósitos:
erosionad los mares de palabras,
extraedles su fuego.
¿Acaso deseáis
que el hemisferio izquierdo
salga de las marismas
como un murciélago
con el ala alquitranada?

El niño no mueve ya los afilados tirachinas de sus ojos.
Es inútil que sigáis preguntándole, porque no responde a ningún nombre.
¿Quién querrá escupir la verdad y colocarse a la altura
de sus grotescos sueños si ni siquiera reconoce a su madre
cuando esta le coloca la píldora debajo de la lengua?
La escupe sin saber por qué lo hace.
Ella lo abraza con ternura y coloca el deuvedé
con las imágenes de la niñez, pero el silencio se lo traga.
Ha sucedido algo terrible, el niño se queda mudo,
se encoge en posición fetal, no mueve ni uno de sus músculos.

Inquietos pensamientos,
¿cómo acceder a la pesada alma
si en las etéreas regiones del espíritu
moran extrañas salamandras?
Engrasáis las poleas del espíritu,
os exponéis a la buenaventura,
sabéis que, si sangra el espejo
en el que ahora estáis atrapados,
se liberará el cisne negro.

El Golden Gate entra en coma.
Miles de criaturas recorren cada día
ese imán gigante
mientras las tentaciones extienden
sus tentáculos.
Gritan a la montaña «Ábrete, sésamo»
a la espera de poder devolver
las monedas que cogieron
como garantía.
Pero, ahora que las calabazas
se han convertido en carrozas,
que el chip de sus memorias
se lo ha tragado el tiempo,
su tránsfugo corazón
no puede reconstruir las ilusiones
que abandonaron en la basura.

La *narradora* se traga trocitos de vuestra alma
cuando se encuentra en trance.
Invoca al duende mientras el viento de las palabras
estimula su adrenalina.
Su mano estremecida se despierta
y se mueve como una gacela.
Cronos sigue devorando a sus hijos,
pero ella sabe cómo insuflarles
nuevamente el espíritu, qué música invocar
para que renazcan de las cenizas.
Aunque su alma vaya perdiendo rizomas,
ella continúa incubando sus huevos.
Los huesos tienen aún la capacidad
de regenerarse si son bautizados.
El tormento que la arrastra a las aldeas fronterizas
todavía no percibe el olor de sus heridas.
El depredador no puede descubrirla
en su estado de gracia.
Desconoce a qué territorio se dirige,
aún no controla el barro de sus pensamientos,
aún no sabe cómo convocar ese apocalipsis
que ha mutilado a otras heroínas,
aún no la ha visto con su ciclópeo ojo.

Si volvéis solo un segundo
antes de levar anclas en la ardiente
orilla de los engaños,
se nublarán vuestros caprichos
y dejaréis de sentiros los reyes
que han conquistado el territorio.
En ese aguijoneo de ingravidez,
el ojo que todo lo ve
descenderá como un martillo.

El tiempo contiene todos los detalles del olvido.
No os preocuparía su caducidad
si la melancolía no golpeara sobre la memoria
para beberse hasta la última gota
antes de colocarla en el santuario microscópico
de una palabra, que es su única garantía.

De vuestras pieles fluorescentes
se desprenden biorritmos viscerales
que bailan frenéticamente
sin la vergüenza ajena
que suele incendiar vuestros actos cotidianos.
Aguzáis esa visión inédita de la realidad
que se desubica a sí misma.
Moverse por la cuerda sin red es divertido.
Ya no sois la última de la fila,
ya nadie os da órdenes.
Habéis secado la infelicidad,
le habéis quitado las pepitas de pena.
Nadie podrá señalaros con el dedo.
Nadie parirá vuestras lágrimas.
Nadie enfocará vuestras duras imágenes.
Ninguna de esas fluorescencias
reconocerá esas imágenes ilusorias
que se encogen retráctiles
detrás de un velo de iridiscencias
que insiste en inventaros un nombre.

Maldito destino que golpea otra vez,
que sube los peldaños de tu miedo.
Si remonta el vuelo y no regresa,
¿de qué te servirán las trampas?
Abres una brecha en la pantalla electrónica
y recuperas esa cabeza cortada.
¿Te atreverías a decirle
que nunca estuvo a la altura de tus sueños?
La lengua se seca.
Demasiada sangre fría para la traición.
Lo resucitas, imploras que se levante
como una algarabía de pájaros,
le pides su alambre dorado,
le dices que te equivocaste
cuando dijiste «no lo sé».

Emotivamente despides a la vieja razón de los desheredados.
Ellos desconocen cómo has atrapado el desaliento en esa bola de cristal.
Intuyen el poder purificador del fuego, pero están desacostumbrados
y la pereza se ha convertido en una sombra alargada que los precede:
deshacerse del fardo de la tranquilidad no es suficiente.
Hay que lanzarse al abismo, hay que atreverse a dar la cara por uno mismo.

Ni siquiera el hombre del bicentenario
desea que la historia sea interminable.
Él se sabe imperfecto, sabe que no necesita jugar
al escondite con la muerte ni detener su caos,
porque, mientras arrastra esa utopía
como si se tratase de un carro,
se va hundiendo en el lodo
de la melancolía irremisiblemente.
Una vida detenida en el santuario de los sueños,
sin la conciencia de que todo fluye,
sin la continua necesidad de quitarse las esporas,
¿merecería la pena?

El infinito cuenco de la palabra
es bebido por un cursor de palabras
que se atormenta cuando el molino
mueve las aspas a diestro y siniestro.
Sería maravilloso poder llamar al viento
por su nombre verdadero y
sentir que fluye esa palabra hermosa
a la que habéis inducido a moverse.

Anhelos suficientemente afilados
cortan la cúpula de cristal
que os habéis construido.
Un amasijo de criaturas frágiles
penetra en el agujero negro
con una navaja entre los dientes.
Se pasean con el pasamontañas del ego
por ese oscuro pasadizo;
arrastrando sus tentaciones
y planes de fuga.
Sonríen, porque saben que no dejaréis
que escape por la chimenea
el humo negro de la perseverancia.
Sonríen, porque saben que rechazaréis
la calidez de la belladona.
Aunque los traficantes de sueños
os fustiguen con su látigo,
no pasaréis por el aro.
Esperaréis a que germinen
todas las corazonadas
que os habéis fabricado.

Esa pequeña vida que lleváis dentro
está suficientemente protegida.
Su ingravidez aspira el alma,
cuantifica los límites de lo ordinario.
Durante la vigilia, las ideas
saltan el ceda el paso
para que entre la nueva criatura,
esa *material girl* que no teme a su naturaleza.
Antes de situarse en la línea de salida,
su propia esencia mide las distancias.

Antes de partir, los seres queridos
os devuelven sus alas agrietadas.
No lo entiendes.
Les habéis ayudado a trazar el círculo protector,
les habéis devuelto las percusiones de la risa
tocando para ellos el xilófono
y ahora, después de defender el castillo de las huestes enemigas,
ahora que las barbas de la vida han encanecido,
huyen sin ayudaros a reparar
el orificio de la soledad
que han resquebrajado.

Sus palabras son demasiado afables para ser verdad:
«Quiero que sepas
que, aunque me coma el ajetreo de tus emociones,
tu árbol sigue creciendo, desafiante».
«Deja que te cree —dice—, otro tanto has hecho tú por mí».

Estiras las barbas del reloj
mientras zumba sobre la superficie de las cosas.

Cuánto placer sientes al frotar la lámpara
y meterte en la boca del lobo.

Saltas hacia el abismo
convencida de que, si permanecieses inmóvil,
tu propia inmunidad te dejaría helada.

Asómate a la ventana de la locura,
suelta la mayor idiotez que suele soltarse
cuando uno piensa en voz alta.

Acaso no hace él también trampas
cuando juega sus bazas.

Te encantaría que las razones extraídas de la chistera negra
te hiciesen sentir mejor por una milésima de segundo.

MARI CARMEN MORENO

La moviola de los recuerdos es afilada.
Tú, Arlequín, enrollas los pies con nomeolvides.
Saltas con valentía aunque la medicina escueza.

Por favor, Arlequín, deshaz la bengala de todos los silencios.

Te cortan la cabeza.
Los pensamientos salen disparados
como globos de colores
y ondulan en el aire.

Ahora pareces una bailarina con zapatos nuevos.
Una vez has invalidado todas esas polillas
atrofiadas, una voz flautada
penetra en tu oído y desorbita tus emociones.

Os apartáis dolidos con vuestros hipócritas apetitos.
Por qué sois tan imperfectos.
Por qué agonizasteis tantas inocencias.
Por qué perdisteis tantos amores.
Por qué desterrasteis el sentido común.
Por qué regasteis tanta inútil libertad.
Por qué matasteis tantos sentimientos.
Por qué abandonasteis tantas comprensiones.
Por qué evacuasteis tantas almas en el camino.

Es imposible que comprenda las maravillas de la naturaleza
o que sienta los fríos corazones de los insectos mientras perecen.

Mari Carmen Moreno

La madre se arrastra por el pasillo del hospital.
Un aura de incomprensión cataliza sus anhelos
y se traga sus diminutas babas,
pero los humillados no escuchan.
Entonces expía la costilla de Adán.
Suelta su lengua viperina y le insufla vida:
su verdadera historia de abandono.
¿Quién le ha impuesto esa fría voluntad,
que hace añicos el sufrimiento?
La incomprensión se calza un día más
sus zapatos antes de visitar
el cuerpecito del bebé a través de un cristal.

En los vértices del tiempo anidan los sentimientos.

MANOLO GARCÍA

Es muy fácil forjarse otra personalidad, endurecer el corazón en una fragua, asaetar los sueños, permitir el diluvio.

Clavas todos los recuerdos en alfileres y los dejas secar hasta que el alma, que has dejado encerrada, deja de hablarte.

Pero, si dudas, si vuelves solo un segundo antes de levar anclas, en la ardiente orilla de los engaños se nublarán tus caprichos y dejarás de sentirte la reina que ha conquistado el territorio.

Despiadada serías, estúpida del llanto, si atravesases la bahía sin tu corteza, sin el derecho al grito.

Sabéis que la madrastra malvada de los cuentos
os ha enviado aquí, a un paisaje de hojalata,
donde el sol es una gigantesca bóveda de cristal,
sin capacidad para nuevos pasajeros.

Pero ahora contáis con el poder mutante y virgen
de la imaginación, que ha renacido de las cenizas.

Micropigmentaciones

En ocasiones, es necesario sentir sobre la piel desnuda los pigmentos
del alma. Podemos subsistir a la desidia o al desánimo, calentar motores
con hazañas inconmensurables o afilar el lápiz para describir emociones,
y todos esos simulacros de nuestra identidad se pigmentan en nuestra piel.
Y te preguntas cómo es posible que subsistan pese al fluctuante vaivén de
la vida y la respuesta es obvia: porque no podemos permanecer impasibles
frente a la vida, porque esta es un péndulo que fluctúa entre
lo que hemos sentido y todo lo que nos queda por sentir,
porque nuestras identidades persiguen una y otra vez los mismos sueños,
porque necesitamos el calor de los otros, porque la vida es flecha
erguida que transcurre un segundo y lo que la dota de sentido,
lo que lanza contra la corriente, es ese deseo perenne de sentirnos queridos.

Recojo susurros perdidos
sonrisas borradas
caricias primeras

solo así te espero.

BEATRIZ MARTINELLI

Solo él es capaz de estremecerte
incluso antes de haberse creado.

¿Serás
si no te transparentas?

Tus ojos extraños
casi me rozan
en el laberinto
del Minotauro.

Cuando naciste,
me quedé sin palabras.

La guerra de los mundos
no podrá arrebatarte
de mi regazo.

Bengalas
al silencio,
lanzas.

Mientras despiertas,
besos imperceptibles
saltan el trampolín.

¿Podrías ser tú
quien me entregase
esos regalos
de buena voluntad?

Es innegable
que la paranoia
se mantiene erguida.

Algunas personas
pierden
la cabeza
gratis.

Mira al histrión,
sus células son agonizantes.
¿Volverá? Ni siquiera yo me lo sé.

Palabras
silencian
las águilas.

¿Has olvidado
la raíz cuadrada
de los sentimientos?

Ases tramposos,
tropelías,
te sacaste de la manga.

Antes de aprenderte mi piel,
dime por qué guardas
mi alma entre algodones.

Me ha dicho «te quiero»;
aunque he sentido la mordaza
de su mentira,
he querido creérmelo.

Piedra, papel, tijera.
Jugaste fuerte
a sorprenderme.

Vanidad de vanidades.

Arroja nieve terriblemente fría
sobre mi rostro
como si todo fuera juego.

La rabia custodia
el fugitivo desdén
del corazón.

Afilados tiralíneas
sus ojos
no responden.

¿Que te enseñe a reír
después de haberme herido?

Pies ametrallados,
calzando zancos,
hundiendo garabatos.

Manos de estraza,
juegan a engaños.

Con saña bebiste de mi cuerpo
hasta escupir su pensamiento alegre.

La espina rota
por fin se tambalea.

El amor de alas replegadas bajo la luna.
JEAN RISTAT

¿Por qué te conduce
al infierno
la noche descalza?

Si quieres atrapar el viento,
haz una selva de rozaduras,
dáselas al hambriento.

Tus besos,
cataratas mojadas
columpiándose
entre intrusos.

Esa utopía dice
que hasta la saciedad
seremos dueños
de las estrellas.

Nunca te di esa parte de mí
porque no tenías derecho
a arrebatármela.

Rabia
desdén
fugitivo.

Miles de holas
se insinúan a la belleza
antes de desatar
la furia.

Por los orificios de tu cuerpo
aúllan
mojadas emociones.

Tu alma nívea
no ahoga
mi inocencia.

Exploras el presente
tirándole migas de pan.

¿Es pronto
para sentir
la calidez
del cosmos?

Haz el ademán.
Que vea
quién eres tú
y quién fue otra.

Cuando la ola
reviente la ternura,
arroja tu naturaleza
por el acantilado.

Prediciendo
su eco,
el grito.

La daga
de sopetón
hasta la empuñadura.

Pequeños liliputienses colocan
sus piececitos en tu boca
y sonríen cuando sienten
la mordedura de la serpiente.

Es asombroso
que te recuerden
esos corazones
desconocidos.

¿Tanto pesaron
las almas conquistadas
en la balanza?

¿Le pediste a la vida
que se venza a sí misma?

No mitifiques
al segundo
su nombre.

Miles de luciérnagas
esterilizan las heridas.

¡Cómo pudiste embalar
lo salvaje
para el viaje!

Esos días ¿te han sonrojado?
No regresarías
aunque te colocasen
una camisa de fuerza.

¿Se puede desinflar
la desdicha
en la distancia?

¿A las cuatro paredes avergonzadas
le han practicado la eutanasia?

El terror a sentirte acompañado
¿te condujo al infierno?

Si te buscases tu lado bueno,
te sacarías los colores.

¿Será amable
el camino
si me descubro
el sombrero?

¿Transpiran
los dulces proyectos
que has custodiado?

La culpa
de la custodia
es de los otros.

¿Te acompaña la fiereza
cuando vas hacia delante?

Ese grito
que diste
para empinarte
¿sirve?

Me clavan agujas
en los puntos de sutura
como si pretendieran
hacer vudú con mi cuerpo.

No sé por qué
me he complicado
la existencia
si hasta la margarita
ha aceptado la respuesta.

Rosas ayunan
en la apendicitis
de los recuerdos.
¿Podrías alimentarte
sin quemarte?

Ya no estás predestinada
a tirar piedras,
pues hasta las piedras
tienen alma.

¿Para qué necesitas
darme
la sinrazón?

Me haces transparente
al desenvainarme.

Después del monólogo,
el espejo te devuelve
la misma sorda imagen.

¿Has rescatado del pozo
a la bailarina?

Unívoca autoestima crepita
en la montaña de fuego.

Colocas en la puerta
una rama de muérdago
que te proteja
de los trasgos.

¿Es la necesidad
de transitar
la que empuja el rugido
de tantas fieras?

Le habéis quitado los cascos
a los estímulos.
Se cuelan
por la puerta de atrás.

Te lanzas
a la balsa de los recuerdos
sin salvavidas.

Esa yugular desaparece
en un cálido segundo.

Avanza la maraña de la vida,
pero ya no exige el mismo esfuerzo.

¿Habéis tocado los equívocos?
¿Os habéis tragado el miedo,
opio de desventura?

ÍNDICE